Jörg Ringel / Ralf Hillmann

Beschäftigung
für Senioren mit Demenz

280 verdrehte Sätze
(Wortsalat-Spiele)

– Einfacher Rätselspaß –

Ablenkung, Denksport, Motivation,
Gedächtnistraining, Konzentrationsübung

Bibliografische Information der Deutschen Nationalbibliothek
Die Deutsche Nationalbibliothek verzeichnet diese Publikation in der Deutschen Nationalbibliografie; detaillierte bibliografische Daten sind im Internet über https://portal.dnb.de abrufbar.

© Copyright 2022: Ringel, Jörg / Hillmann, Ralf
Herstellung und Verlag: BoD – Books on Demand, Norderstedt
Autoren: Jörg Ringel, Ralf Hillmann
Covergestaltung: Ralf Hillmann
Covermotiv: Gerd Altmann, Pixabay
ISBN: 9783755708506

Inhaltsverzeichnis

Über dieses Buch

Liebe Leserinnen und Leser, in diesem Buch finden Sie 280 Wortsalat-Rätsel, die aufgrund ihrer Einfachheit gut für Senioren mit Demenz geeignet sind. Jede einzelne Aufgabe besteht jeweils aus einem Feld mit vielen Kästchen. Auf jedem Feld ist ein Satz in seine einzelnen Worte zerlegt und in senkrechte sowie waagerechte Kästchen verteilt worden. Das Buch hält sieben Schwierigkeitsstufen bereit. Es gibt darin Rätsel aus 3-teiligen, 4-teiligen, 5-teiligen, 6-teiligen, 7-teiligen, 8-teiligen und 9-teiligen Sätzen. Es gilt herauszufinden, welche Sätze sich aus den einzelnen Wörtern bilden lassen, wenn man sie in eine sinnvolle Reihenfolge bringt! Bewusst kommen in den Wortsalat-Rätseln keine bekannten Redewendungen oder Sprichwörter vor. Allgemein bekannte Sprichwort-Rätsel werden eher aus der Erinnerung heraus gelöst und nicht über das konzentrierte Ermitteln einer sinnvollen Wortreihenfolge. Die Wortsalat-Rätsel dieses Buches erfordern mehr Kombinationsgeschick.

Je nach individueller Situation variieren die Befindlichkeiten und Kompetenzen von Menschen mit Demenz stark. Die Wortsalat-Rätsel sind zwar ganz bewusst einfach gestaltet worden, sie erfordern dennoch ein gewisses Maß an kognitiven Fähigkeiten. Sie sind einerseits als Training für den Kopf zu verstehen, sollen andererseits aber auch einfach die Aufmerksamkeit von negativen Gedanken, Grübelei, Angst, Verwirrung und Verunsicherung auf etwas Herausforderndes und Erheiterndes lenken.

Schrift und Rätselfelder sind in diesem Buch entsprechend groß und übersichtlich gestaltet, damit alles gut aufgenommen werden kann. Die verschiedenen Schwierigkeitsgrade ermöglichen es, sich nur mit jenen Rätseln zu beschäftigen, die nicht überfordern.

Wir empfehlen, keine Lösungen direkt im Buch zu notieren. Es reicht völlig aus, sich ein Rätsel in Ruhe anzuschauen, zu überlegen, wie der gesuchte Satz richtig lauten könnte und ihn schließlich auszusprechen. Wenn Sie die Lösungen nicht im Buch eintragen, können Sie es immer wieder zur Hand nehmen und sich erneut damit beschäftigen.

Die Lösungen können ganz hinten im Buch nachgelesen werden. Oft gibt es nicht nur eine Möglichkeit, einen sinnvollen Satz aus den angebotenen Wörtern zu bilden. Im Lösungsteil wird aber jeweils nur eine gängige Satzform (Aussagesatz) angeboten! Viele dieser einfachen Aussagesätze lassen sich auch anders formulieren, beispielsweise als Fragesätze, und sind ebenso „richtig". Alles, was sinnvoll klingt, ist erlaubt!

Viel Freude beim Rätseln wünschen

Jörg Ringel und Ralf Hillmann

3-teilige Wortsalat-Rätsel

>>>>>

Auf den folgenden Seiten finden Sie eine Auswahl an sehr einfachen 3-teiligen Satz-Rätseln.

Die Frage ist immer:
Welchen Satz können Sie aus den 3 Wörtern bilden, wenn Sie diese sinnvoll aneinanderreihen?

Wenn es Ihnen leicht gelingt, die 3-teiligen Satz-Rätsel zu lösen, können Sie sich anschließend den 4-teiligen widmen.

Sollte Ihnen das Lösen der Rätsel eher nicht so leicht fallen, legen Sie das Buch lieber zur Seite und probieren Sie es an einem anderen Tag noch einmal erneut.

1.

		S	I	N	D						
				L	A	N	G	S	A	M	
	S	C	H	N	E	C	K	E	N		

2.

			S	Ü	S	S			H		
									O		
									N		
									I		
I	S	T							G		

3.

		S	A	U	E	R					
	S	I	N	D							
				Z	I	T	R	O	N	E	N

4.

	K										
	L							S	I	N	D
	E										
	I			Z	W	E	R	G	E		
	N										

5.

								G	
			G	R	A	S		R	
	I							Ü	
	S							N	
	T								

6.

			F	L	I	E	G	E	N			V
												Ö
												G
		K	Ö	N	N	E	N					E
												L

7.

G												
E		L	A	C	H	E	N					
R												
N												
E				M	E	N	S	C	H	E	N	

8.

										H		
			D	O	R	N	E	N		A		
										B		
		R	O	S	E	N				E		
										N		

9.

							L	Ä	U	T	E	N
	L	A	U	T								
K	I	R	C	H	E	N	G	L	O	C	K	E	N

10.

K	A	T	Z	E	N						
							A	L	L	E	
			S	C	H	N	U	R	R	E	N

11.

	K					B	R	E	N	N	T
	E										
	R								D		
	Z								I		
	E								E		

12.

S	P	I	E	L	E	N					
						S	C	H	A	C	H
		Z	W	E	I						

13.

		D	U	F	T	E	T				
F	L	I	E	D	E	R					
	H	E	R	R	L	I	C	H			

14.

I			G	E	S	U	N	D			
S											
T		S	P	O	R	T					

15.

		S	P	R	I	N	G	E	N		
					F	R	Ö	S	C	H	E
K	Ö	N	N	E	N						

16.

				G	E	M	Ü	S	E			
	G	E	S	U	N	D				I			
										S			
										T			

17.

S								R	O	T		
I												
N			T	O	M	A	T	E	N			
D												

18.

	I	S	T									
							H	E	I	S	S	
	F	E	U	E	R							

19.

	M				M					
	A				A					
	L				L	B	I	L	D	E	R
	E				E					
	N				R					

20.

				Z	A	P	F	E	N		
				T	A	N	N	E	N		
	T	R	A	G	E	N					

21.

		G	E	S	U	N	D			
I										
S										
T					L	A	C	H	E	N

22.

	S						S	C	H	L	A	U
	I											
	N				F	Ü	C	H	S	E		
	D											

23.

					B	Ä	C	K	E	R		
	B	R	O	T								
				B	A	C	K	E	N			

24.

	M					F	R	E	U	D	E	
	A											
	C				T	A	N	Z	E	N		
	H											
	T											

25.

I											
S			K								
T			A			E					
			L			I					
			T			S					

26.

R	I	E	S	E	N						
										S	
			G	R	O	S	S			I	
										N	
										D	

27.

				B	L	Ä	T	T	E	R		
		H	A	B	E	N						
					P	F	L	A	N	Z	E	N

28.

N											
A											
S				W	A	S	S	E	R			
S											
		I	S	T							

29.

					S	I	N	D			
				V	E	R	S	P	I	E	L	T
	K	I	N	D	E	R					

30.

				S	C	H	W	I	M	M	E	N
	K	Ö	N	N	E	N					
				F	I	S	C	H	E		

31.

					S	Ä	N	G	E	R		
L	I	E	D	E	R							
						S	I	N	G	E	N	

32.

	B	L	U	M	E	N						
S	C	H	Ö	N								
					B	L	Ü	H	E	N		

33.

											E	
	S	T	Ö	R	R	I	S	C	H		S	
											E	
											L	
		S	I	N	D							

34.

	J					E						
	A					U	N	A	C	H	T	S
	G					L						
	E					E						
	N					N						

35.

					M	A	C	H	E	N	
			M	U	S	I	K				
				M	U	S	I	K	E	R	

36.

												F
	S	I	N	D								L
												I
E	I	C	H	H	Ö	R	N	C	H	E	N	N
												K

37.

G									M	
E				K					I	
B				Ü					L	
E				H					C	
N				E					H	

38.

	S	C	H	N	E	I	D	E	N			
	F	R	I	S	Ö	R	E					
			H	A	A	R	E					

39.

				G	E	D	I	C	H	T	E	
S	C	H	R	E	I	B	E	N				
					D	I	C	H	T	E	R	

40.

G			B	R	I	N	G	E	N			
L												
Ü				H	U	F	E	I	S	E	N	
C												
K												

41.

	M				S	P	A	S	S			
	A											
	C											
	H		S	C	H	W	I	M	M	E	N	
	T											

42.

					M	A	C	H	E	N		
D												
I		S	A	H	N	E	T	O	R	T	E	N
C												
K												

43.

				S	O	L	L	E	N		
M	E	D	I	K	A	M	E	N	T	E	
		H	E	I	L	E	N				

44.

				S	C	H	R	E	I	B	E	N
	B	Ü	C	H	E	R						
S	C	H	R	I	F	T	S	T	E	L	L	E	R

45.

I		D	U	R	C	H	S	I	C	H	T	I	G
S													
T		F	E	N	S	T	E	R	G	L	A	S	

46.

					L	E	H	R	E	N	

			M	A	T	H	E	M	A	T	I	K

M	A	T	H	E	L	E	H	R	E	R		

47.

	G	Ä	R	T	N	E	R	E	I	E	N	

		P	F	L	A	N	Z	E	N			

			Z	Ü	C	H	T	E	N			

48.

	H	A	L	T	E	N					

		B	R	A	U	N	B	Ä	R	E	N	

W	I	N	T	E	R	S	C	H	L	A	F	

49.

		S	C	H	A	T	T	E	N			
S	O	N	N	E	N	S	C	H	I	R	M	E	
			S	P	E	N	D	E	N			

50.

		S	E	N	I	O	R	E	N			
	G	E	S	E	L	L	S	C	H	A	F	T
				L	I	E	B	E	N			

51.

											H
K	O	F	F	E	R	R	Ä	U	M	E		A
											B
		A	U	T	O	S					E
											N

4-teilige Wortsalat-Rätsel

>>>>>

Auf den folgenden Seiten finden Sie eine Auswahl an sehr einfachen 4-teiligen Satz-Rätseln.

Die Frage ist immer:
Welchen Satz können Sie aus den 4 Wörtern bilden, wenn Sie diese sinnvoll aneinanderreihen?

Wenn es Ihnen leicht gelingt, die 4-teiligen Satz-Rätsel zu lösen, können Sie sich anschließend den 5-teiligen widmen.

Sollte Ihnen das Lösen der Rätsel eher nicht so leicht fallen, legen Sie das Buch lieber zur Seite und probieren Sie es an einem anderen Tag noch einmal erneut.

52.

						I	S	T		
	H	I	M	M	E	L			D	
									E	
	B	L	A	U					R	

53.

L	E	U	C	H	T	E	N			
					N	A	C	H	T	S
S	T	E	R	N	E				D	I	E

54.

				S	O	L	L	T	E	N
S										
E		S	P	A	N	N	E	N	D	
I										
N					K	R	I	M	I	S

55.

							O		H
	L	A	N	G	E		H		A
							R		B
H	A	S	E	N			E		E
							N		N

56.

							H		M
	A	L	L	E	S		E		A
							L		C
							L		H
L	I	C	H	T					T

57.

							B	A	L	L
			D							
			E		R	U	N	D		
I	S	T	R							

58.

	H	E	R	D						
									W	
			A	M					I	
									R	
G	E	K	O	C	H	T			D	

59.

						B	L	U	M	E	N
	B	E	E	T						
B	L	Ü	H	E	N					
						I	M			

60.

	W	I	T	Z						
										I
						E				S
	L	U	S	T	I	G	I			T
						N				

61.

						S	I	N	G	E	N
	I	H	R	E							
						L	I	E	D	E	R
V	Ö	G	E	L							

62.

	F	L	A	T	T	E	R	N		W			
										I			I
F	A	H	N	E	N					N			M
										D			

63.

S						L	A	U	F	E	N		
E													
H			L	A	N	G	S	A	M				
R													
		S	C	H	I	L	D	K	R	Ö	T	E	N

64.

			F	A	R	N	E				
I				S	C	H	A	T	T	E	N
M											
	W	A	C	H	S	E	N				

65.

									W		
S	C	H	W	I	M	M	E	N	A		
									L		
	O	Z	E	A	N				E		I
											M

66.

G									G	
E			G	A	S	S	I		E	
H									R	
E									N	
N		H	U	N	D	E			E	

67.

	L	I	E	B	E	N					
		K	L	E	I	D	E	R			
F	R	A	U	E	N		S	C	H	Ö	N	E

68.

G						T	A	N	N	E	N	
R												
Ü			N	A	D	E	L	N				
N												
E							H	A	B	E	N	

69.

											E
M	I	T	T	A	G	E	S	S	E	N		S
						M	I	T	T	A	G	S
	G	I	B	T							

70.

I	S	T						S	K	A	T
K	A	R	T	E	N	S	P	I	E	L	
						E	I	N			

71.

							I	S	T		
E	I	N									
					R	O	U	L	E	T	T	E
		G	L	Ü	C	K	S	S	P	I	E	L

72.

S	P	I	E	L	S	A	C	H	E	N		A
											L
		L	I	E	B	E	N				L
											E
			K	I	N	D	E	R			

33

73.

H			B	E	I	N	E					
A												
B					S	E	C	H	S			
E												
N			I	N	S	E	K	T	E	N		

74.

N	A	C	H	T	S							
D				L	E	U	C	H	T	E	N	
I												
E			L	A	T	E	R	N	E	N		

75.

I										M
S			M	O	R	G	E	N	S		A
S										N
T										
		F	R	Ü	H	S	T	Ü	C	K	

76.

S	I	N	D									
					F	E	T	T	I	G		
O												
F												
T		P	F	A	N	N	K	U	C	H	E	N

77.

			M	Ü	S	S	E	N				
M	Ü	L	L	T	O	N	N	E	N			
W	E	R	D	E	N		G	E	L	E	E	R	T

78.

	F	A	H	R	E	N					
S											
E		R	E	N	N	A	U	T	O	S	
H											
R					S	C	H	N	E	L	L

79.

	R	E	G	E	N					D	
										I	
		B	R	A	U	C	H	E	N	E	
	P	F	L	A	N	Z	E	N			

80.

		H	I	M	M	E	L				
	A										
	M				F	L	I	E	G	E	N
S	C	H	W	A	L	B	E	N			

81.

									E	
	T	A	U	C	H	E	N		A	N
								U	T
								C	E
K	Ö	N	N	E	N			H	N

82.

	L	E	I	S	E					E	
										I	
	K	N	I	S	T	E	R	T		N	
K	A	M	I	N	F	E	U	E	R		

83.

			K	R	A	B	B	E	L	N	
	K	E	L	L	E	R			I	M	
				S	P	I	N	N	E	N	

84.

H	A	U	S	T	I	E	R	E				S
												I
			H	U	N	D	E					N
												D
			B	E	L	I	E	B	T	E		

85.

		L	I	E	B	E	N			V		
										I		
F	U	S	S	B	A	L	L			E		
										L		
M	Ä	N	N	E	R					E		

86.

	L	U	F	T	B	A	L	L	O	N		
												K
								E				A
P	L	A	T	Z	E	N			I			N
									N			N

87.

					W	Ä	S	C	H	E		
M												
U		W	E	R	D	E	N					
S												
S				G	E	W	A	S	C	H	E	N

88.

S	C	H	M	A	T	Z	T		B	
									E	
		H	A	N	S				I	
									M	
	E	S	S	E	N					

89.

V	E	R	U	R	S	A	C	H	E	N
S	T	Ü	R	M	E					
						S	T	A	R	K	E
S	C	H	Ä	D	E	N				

90.

B	E	L	I	E	B	T				
							S	I	N	D
S	E	H	R							
S	T	R	A	N	D	U	R	L	A	U	B	E

91.

	S	P	I	E	L	E	N				
								A			
F	U	S	S	B	A	L	L	U			
								C			
F	R	A	U	E	N			H			

92.

H					B	E	I	N	E		
A											
B		S	P	I	N	N	E	N			
E											
N						A	C	H	T		

93.

	E				G	I	B	T			
	S										
					A	B	E	N	D	S	
		A	B	E	N	D	E	S	S	E	N

94.

	R	A	U	B	K	A	T	Z	E	N			S
													I
G	E	F	Ä	H	R	L	I	C	H	E			N
													D
					T	I	G	E	R			

95.

F	L	I	E	G	E	N	D	E				
									S	I	N	D
	I	N	S	E	K	T	E	N				
L	I	B	E	L	L	E	N					

96.

										M	A	N
A	U	S	P	R	E	S	S	E	N			
					O	R	A	N	G	E	N	
	K	A	N	N								

97.

V						S	P	R	I	N	G	T	
O													
M			K	L	A	U	S						
D	R	E	I	M	E	T	E	R	B	R	E	T	T

98.

										S	
								S		E	
	G	E	S	U	N	D		I		H	
								N		R	
V	I	T	A	M	I	N	E	D			

99.

V			S	O	N	N	E	N	L	I	C	H	T
O													
R				J	A	L	O	U	S	I	E	N	N
S	C	H	Ü	T	Z	E	N						

100.

	S	Ä	U	G	E	T	I	E	R	E	
											S
			F	L	I	E	G	E	N	D	E	I
											N
F	L	E	D	E	R	M	Ä	U	S	E		D

101.

P	A	P	A	G	E	I	E	N	V	Ö	G	E	L
W	E	L	L	E	N	S	I	T	T	I	C	H	E
	K	L	E	I	N	E			S	I	N	D	

102.

D					K	Ö	N	N	E	N	
I											
C		S	Ü	S	S	I	G	K	E	I	T	E	N
K											
					M	A	C	H	E	N	

5-teilige Wortsalat-Rätsel

>>>>>

Auf den folgenden Seiten finden Sie eine Auswahl an einfachen 5-teiligen Satz-Rätseln.

Die Frage ist immer:
Welchen Satz können Sie aus den 5 Wörtern bilden, wenn Sie diese sinnvoll aneinanderreihen?

Wenn es Ihnen leicht gelingt, die 5-teiligen Satz-Rätsel zu lösen, können Sie sich anschließend den 6-teiligen widmen.

Sollte Ihnen das Lösen der Rätsel eher nicht so leicht fallen, legen Sie das Buch lieber zur Seite und probieren Sie es an einem anderen Tag noch einmal erneut.

103.

S						M	O	R	G	E	N	S
O			G									
N			E			A	U	F				
N			H									
E			T						D	I	E

104.

		S	C	H	E	I	N	T				H
M												E
O					N	A	C	H	T	S		L
N												L
D			D	E	R							

105.

V		F	R	Ü	H	L	I	N	G			
I												
E						T	U	L	P	E	N	
L												
E			B	L	Ü	H	E	N			I	M

106.

I											
S			I		E	S					
T			M								
	W	A	R	M			S	O	M	M	E	R

107.

										I	M
	W	I	N	T	E	R					
							I	S	T		
E		K	A	L	T						
S											

108.

						W	A	L	D	
	B	Ä	U	M	E					
						V	I	E	L	E
I	M									
			S	T	E	H	E	N		

109.

M	A	N								S
			J	E	D	E	N			T
							A			E
M	O	R	G	E	N			U		H
								F		T

110.

	H						J	A	H	R	
	A										
	T				M	O	N	A	T	E	
		E	I	N				Z	W	Ö	L	F

111.

V									Z	U
I		U	N	G	E	S	U	N	D	
E									I	
L									S	
			A	L	K	O	H	O	L		T

112.

H	A	L	S			L	A	N	G	E	N	
G	I	R	A	F	F	E	N					
E	I	N	E	N			H	A	B	E	N	

113.

G			B	E	T	T						
E												
H						M		A	B	E	N	D	S
T						A						
						N			Z	U		

114.

	H							E	I	N		
	A											D
	T			M	O	N	A	T	E			R
												E
V	I	E	R	T	E	L	J	A	H	R		I

115.

						S	I	E	B	E	N	
W	O	C	H	E								
												H
	T	A	G	E								A
					E	I	N	E				T

116.

K	A	N	N					N			
								I			G
				J	E	D	E	R		C	U
								H			T
	R	E	C	H	N	E	N			T	

117.

	H	A	B	E	N			F	E	L	L	
K	A	N	I	N	C	H	E	N				
									E	I	N	
	W	E	I	C	H	E	S					

118.

P		F	Ü	N	F						
L						Z	W	E	I		
U				I							
S				S			D	R	E	I	
				T							

119.

						L	I	T	E	R	
T	A	U	S	E	N	D					
								S	I	N	D
E	I	N									
			M	I	L	L	I	L	I	T	E	R

120.

	V	O	M			F	A	L	L	E	N	
H	I	M	M	E	L		L	E	I	S	E	
	S	C	H	N	E	E	F	L	O	C	K	E	N

121.

K	L	E	I	N	E		S	P	I	E	L	E	N
G	E	R	N	E			K	I	N	D	E	R	
V	E	R	S	T	E	C	K	E	N				

122.

	S	C	H	N	I	T	T	B	L	U	M	E	N
I			V	A	S	E				E	I	N	E
N													
				G	E	H	Ö	R	E	N			

123.

	F	A	H	R	E	N						A
												U
G	E	R	N	E		M	Ä	N	N	E	R	T
												O
		S	C	H	N	E	L	L	E			S

124.

H	A	B	E	N		B	L	Ü	T	E	N		G
													E
S	O	N	N	E	N	B	L	U	M	E	N		L
													B
		S	C	H	Ö	N	E						E

125.

N		P	O	L	I	Z	E	I					
A													
C		V	E	R	B	R	E	C	H	E	R	N	
H													
			S	U	C	H	T		D	I	E		

126.

E	S	S	E	N			A	L	L	E			G
													E
	K	I	N	D	E	R							R
													N
S	Ü	S	S	I	G	K	E	I	T	E	N		E

127.

		G	E	S	C	H	W	I	S	T	E	R	
U		S	I	N	D								
N								E	M	I	L		
D			A	N	N	A							

128.

	S	C	H	A	R	F			M	A	C	H	T
			C	H	I	L	I	P	U	L	V	E	R
	S	P	E	I	S	E	N		A	L	L	E	

129.

		W				P	I	C	A	S	S	O	
E		A											
I		R		M	A	L	E	R					
N													
		B	E	R	Ü	H	M	T	E	R			

130.

S	T	U	N	D	E						
							E				
M	I	N	U	T	E	N		I			
							N				
	S	E	C	H	Z	I	G		E		H	A	T

131.

M		S	E	K	T	G	L	Ä	S	E	R	N	
A													
N					P	R	O	S	E	C	C	O
		A	U	S								
					T	R	I	N	K	T		

132.

	S	E	H	R		K	O	N	T	A	K	T	E
	W	I	C	H	T	I	G					
								S	I	N	D	
S	O	Z	I	A	L	E						

133.

	B	E	R	Ü	H	M	T	E	R			
											E	
W				G	O	E	T	H	E		I	
A											N	
R			D	I	C	H	T	E	R			

134.

	M	I	N	U	T	E						H
												A
E	I	N	E		S	E	C	H	Z	I	G	T
						S	E	K	U	N	D	E	N

135.

Z	E	N	T	I	M	E	T	E	R			E
												I
							S	I	N	D		N
M	E	T	E	R								
						H	U	N	D	E	R	T

136.

E		B	L	Ü	H	E	N			A	U	F	
I													
N			S	O	M	M	E	R	W	I	E	S	E
E													
R					B	L	U	M	E	N			

137.

G	R	A	M	M				P	F	U	N	D	
E			F	Ü	N	F	H	U	N	D	E	R	T
I													
N				S	I	N	D						

138.

H		A	U	F			L	I	E	G	T		
O													
H		B	E	R	G	S	P	I	T	Z	E	N	
E													
N			S	C	H	N	E	E					

139.

P	F	U	N	D							
				Z	W	E	I		S		E
									I		I
K	I	L	O	G	R	A	M	M	N		N
									D		

140.

M		K	I	L	O	M	E	T	E	R	S
E											I
T		T	A	U	S	E	N	D			N
E											D
R		E	I	N							

141.

	M	O	T	O	R			E	I	N	
	S	E	G	E	L	F	L	U	G	Z	E	U	G
K	E	I	N	E	N		H	A	T		

142.

		M	E	N	S	C	H	E	N		V
I											I
M			W	O	H	N	E	N			E
											L
			H	O	C	H	H	A	U	S	E

143.

S	Ä	U	G	E	T	I	E	R	E			S
												I
I	N	T	E	L	L	I	G	E	N	T	E	N
												D
D	E	L	F	I	N	E		S	E	H	R	

144.

I	S	T		H	O	B	B	Y	S	P	O	R	T
B	E	L	I	E	B	T	E	R		E	I	N	
F	A	H	R	R	A	D	F	A	H	R	E	N	

145.

T	A	U	S	E	N			E	I	N	G
											R
	K	I	L	O	G	R	A	M	M		A
											M
S	I	N	D								M

146.

E			A	Q	U	A	R	I	U	M
I										
N		I	N		F	I	S	C	H	E
E										
M		S	C	H	W	I	M	M	E	N

147.

	A	U	G	E	N		T	I	E	R	E
G	R	O	S	S	E		H	A	B	E	N
		N	A	C	H	T	A	K	T	I	V	E

148.

		H	A	T					E	I	N	
V	I	E	R	U	N	D	Z	W	A	N	Z	I	G
		T	A	G			S	T	U	N	D	E	N

149.

		H	A	H	N					
F								D	E	R	
R		M	O	R	G	E	N	S			
Ü										
H						K	R	Ä	H	T	

150.

M	E	N	S	C	H	E	N		M	A	C	H	T
F	R	E	U	D	E			V	I	E	L	E	N
		G	A	R	T	E	N	A	R	B	E	I	T

151.

S	C	H	L	A	F	E	N				B
											E
	F	L	A	M	I	N	G	O	S		I
											N
	E	I	N	E	M			A	U	F	

152.

P	F	L	E	G	E	N		S	O	L	L	T	E
	G	U	T				M	A	N			
F	R	E	U	N	D	S	C	H	A	F	T	E	N

153.

G	E	G	O	S	S	E	N			A	U	C	H
Z	I	M	M	E	R	P	F	L	A	N	Z	E	N
	M	Ü	S	S	E	N		W	E	R	D	E	N

6-teilige Wortsalat-Rätsel

>>>>>

Auf den folgenden Seiten finden Sie eine Auswahl an 6-teiligen Satz-Rätseln.

Die Frage ist immer:
Welchen Satz können Sie aus den 6 Wörtern bilden, wenn Sie diese sinnvoll aneinanderreihen?

Wenn es Ihnen leicht gelingt, die 6-teiligen Satz-Rätsel zu lösen, können Sie sich anschließend den 7-teiligen widmen.

Sollte Ihnen das Lösen der Rätsel eher nicht so leicht fallen, legen Sie das Buch lieber zur Seite und probieren Sie es an einem anderen Tag noch einmal erneut.

154.

A	B	E	N	D			S	O	N	N	E		
													A
				U	N	T	E	R					M
	D	I	E										
									G	E	H	T	

155.

M			D			R	E	G	E	N			
A			I										
C			E				N	A	S	S			
H													
T			D	E	R				E	R	D	E	

156.

		P	F	E	R	D	E			D	I	E
A		W	E	I	D	E						
U								S	T	E	H	E	N
F			D	E	R							

157.

M	A	N					E	I	N	E	M	
	B	U	C	H			L	E	S	E	N	
		I	N				K	A	N	N		

158.

		I								M		
I	M			E	I	S				A		
S										N		
S		G	E	R	N	E						
T								S	O	M	M	E	R

159.

						F	Ä	N	G	T		J
W	O	C	H	E								E
					A	N			D			D
									I			E
M	O	N	T	A	G				E			N

160.

E	I	N		H	A	T			
	M	O	N	A	T	E		H	A	L	B	E	S
	J	A	H	R			S	E	C	H	S	

161.

	I	S	T			E	I	N	M	A	L	
I			S	I	L	V	E	S	T	E	R	
M									
		N	U	R			J	A	H	R	

162.

				U	N	D			S		
N	A	C	H	T					I		
				A	B			C		T
								H		A
	W	E	C	H	S	E	L	N			G

65

163.

B	E	R	Ü	H	M	T	E		P	A	R	I	S
I	N			E	I	F	E	L	T	U	R	M	
	D	E	R				S	T	E	H	T		

164.

F	L	I	E	G	E	N		B	I	E	N	E	N
B	L	Ü	T	E	N		B	U	N	T	E		U
													M
		S	U	M	M	E	N	D	E				

165.

	K	A	N	N		G	L	A	T	T	E	I	S
		G	E	B	E	N					I		
											M		
	W	I	N	T	E	R		E	S				

166.

I			T	R	I	N	K	T			
N											
		M	T		E	N	G	L	A	N	D
		A	E								
		N	E			G	E	R	N	E	

167.

	T	U	R	M			D	E	R		S
											T
			P	I	S	A					E
								I			H
	S	C	H	I	E	F	E		N		T

168.

W	E	I	Z	E	N			V	O	N		
												E
		I			D	I	N	K	E	L		I
		S										N
		T			U	R	F	O	R	M		E

169.

	V	I	E	L	E		L	A	U	F	E	N	
K	I	N	O				F	I	L	M	E		
	S	P	A	N	N	E	N	D	E			I	M

170.

	C	A	L	L	A	S		E	I	N	E		M
													A
W	A	R		B	E	R	Ü	H	M	T	E		R
													I
S	O	P	R	A	N	I	S	T	I	N			A

171.

R		W	I	R	D		T	R	A	U	B	E	N
O													
T		R	O	T	W	E	I	N		A	U	S	
E													
N		H	E	R	G	E	S	T	E	L	L	T	

172.

D			V	O	N			L	O	N	D	O	N
I													
E				E	N	G	L	A	N	D			
I	S	T		H	A	U	P	T	S	T	A	D	T

173.

S	C	H	M	E	T	T	E	R	L	I	N	G	
	E	I	N		R	A	U	P	E				A
													U
E	I	N	E	R			W	I	R	D			S

174.

E	I	N	U	N	D	D	R	E	I	S	S	I	G
J	A	N	U	A	R			T	A	G	E		
H	A	T		D	E	R		M	O	N	A	T	

175.

L		S		M	I	L	L	I	L	I	T	E	R
I		I											
T		N		E	I	N		H	A	L	B	E	R
E		D											
R			F	Ü	N	F	H	U	N	D	E	R	T

176.

B	Ü	C	H	E	R	R	E	G	A	L			I
													N
V	I	E	L	E		S	T	E	H	E	N		
E	I	N	E	M			B	Ü	C	H	E	R	

177.

E					W	I	E	D	E	R		N
S												E
	I	M	M	E	R		G	I	B	T		U
												E
	M	O	D	E	T	R	E	N	D	S		

178.

K			K	A	U	F	E	N			I	N
A												
N			V	I	E	L	E	S			M	A	N
N												
		S	U	P	E	R	M	Ä	R	K	T	E	N

179.

U		B	E	L	I	E	B	T	E			
N												
D		S	I	N	D		G	E	W	Ü	R	Z	E
S	A	L	Z			P	F	E	F	F	E	R

180.

			R	E	G	E	L	M	Ä	S	S	I	G
S	O	L	L	T	E		G	E	H	E	N		M
												A
	A	R	Z	T			Z	U	M			N

181.

M	U	S	T	E	R		E		H	A	T		J
							I						E
M	O	S	A	I	K		N						D
													E
	B	E	S	O	N	D	E	R	E	S			S

182.

R	E	P	A	R	I	E	R	E	N			M	A	N
K	A	N	N				D	E	F	E	K	T	E	
G	E	R	Ä	T	E			L	A	S	S	E	N	

183.

	K	A	R	T	E	N	S	P	I	E	L		
S	E	H	R		E	I	N			S	K	A	T
I	S	T			B	E	K	A	N	N	T	E	S

184.

	B	E	W	I	R	K	E	N			I	M	
F	R	E	I	E	N			W	U	N	D	E	R
B	E	W	E	G	U	N	G		K	A	N	N	

185.

S		B	E	L	I	E	B	T		B	E	I
I												
N		S	E	H	R		K	I	N	D	E	R	N
D												
		S	O	M	M	E	R	F	E	R	I	E	N

186.

K	L	E	T	T	E	R	N			A	U	F	
	B	A	U	M			K	A	T	Z	E	N	
M	A	N	C	H	M	A	L		E	I	N	E	N

187.

D			A	N	G	E	K	L	A	G	T	E	N
E													
N		D	E	R			S	P	R	I	C	H	T
F	R	E	I		R	I	C	H	T	E	R		

188.

	K	A	T	Z	E	N		S	I	N	D		H
													U
U		H	A	U	S	T	I	E	R	E			N
N													D
D			B	E	L	I	E	B	T	E			E

189.

L	E	B	E	N	S	M	I	T	T	E	L		O
													B
G	E	M	Ü	S	E			S	I	N	D		S
													T
U	N	D			G	E	S	U	N	D	E		

190.

Z	M		K	Ö	N	N	E	N		D	E	R
E	I											
I	T		V	E	R	B	L	A	S	S	E	N
T												
		W	Ä	S	C	H	E	S	T	Ü	C	K	E

191.

W	I	R	D			G	E	G	E	S	S	E	N
						S	U	P	P	E		M
L	Ö	F	F	E	L							I
						E	I	N	E	M		T

192.

	L	E	R	N	E	N			R	E	C	H	T
S	C	H	W	I	M	M	E	N		F	R	Ü	H
S	O	L	L	T	E	N		K	I	N	D	E	R

193.

W	A	R		G	R	O	S	S	E	R			H
													E
R	Ü	H	M	A	N	N		E	I	N			I
													N
S	C	H	A	U	S	P	I	E	L	E	R		Z

194.

A	L	L	E	R	G	I	S	C	H		I	S	T
P	O	L	L	E	N		M	A	N	C	H	E	R
M	E	N	S	C	H			G	E	G	E	N	

195.

W	A	S	S	E	R		K	A	K	T	U	S	
E	I	N		W	E	N	I	G				N	
												U	
	B	R	A	U	C	H	T					R	

196.

M	E	I	S	T	E	N	S				A
										N
S	T	E	H	E	N		A	U	C	H	
T	I	S	C	H	E	N		S	T	Ü	H	L	E

197.

K	Ü	H	L	S	C	H	R	A	N	K		I	M
	F	R	I	S	C	H		H	A	L	T	E	N
L	Ä	N	G	E	R		S	P	E	I	S	E	N

198.

W	O	H	N	E	N		E	I	N	E	M	
		R	E	I	S	E	N	D	E		
I										
N		H	O	T	E	L		V	I	E	L	E	

199.

W	E	R	D	E	N		S	O	L	L	T	E	N
	U	M	S	O	R	G	T				G	U	T
	K	R	A	N	K	E				I	M	M	E	R

200.

E	M			K	A	N	N			M
I	A									I
N	N		M	E	S	S	E	R		T
E										
M		S	C	H	N	E	I	D	E	N

201.

K	O	N	Z	E	N	T	R	I	E	R	E	N	
	B	E	I	M				M	U	S	S		M
													A
	R	E	C	H	N	E	N		S	I	C	H	N

202.

M	E	N	S	C	H	E	N		V	I	E	L	E
M	A	C	H	E	N		W	I	N	T	E	R	
S	K	I	U	R	L	A	U	B			I	M	

203.

T	U	L	P	E	N		V	I	E	L	E		
													I
G	E	Z	Ü	C	H	T	E	T					N
H	O	L	L	A	N	D		W	E	R	D	E	N

204.

	R	E	I	S	E	N		D	I	E		I	N
	W	A	N	D	E	R	L	U	S	T	I	G	E
		N	A	T	U	R		G	E	R	N	E	

7-teilige Wortsalat-Rätsel

>>>>>

Auf den folgenden Seiten finden Sie eine Auswahl an 7-teiligen Satz-Rätseln.

Die Frage ist immer:
Welchen Satz können Sie aus den 7 Wörtern bilden, wenn Sie diese sinnvoll aneinanderreihen?

Wenn es Ihnen leicht gelingt, die 7-teiligen Satz-Rätsel zu lösen, können Sie sich anschließend den 8-teiligen widmen.

Sollte Ihnen das Lösen der Rätsel eher nicht so leicht fallen, legen Sie das Buch lieber zur Seite und probieren Sie es an einem anderen Tag noch einmal erneut.

205.

				S	Ä	U	G	E	T	I	E	R	E
S													
I		M	E	E	R	E					W		
N											A		
D				D	E	R					L		
											E		
G	R	Ö	S	S	T	E	N						
									D	I	E		

206.

W	I	N	T	E	R				M	A	N	
		S	U	P	P	E	N					H
I												E
M							I					I
							S					S
	G	E	R	N	E		S					S
							T					E

207.

	V	E	R	S	C	H	I	E	D	E	N	E
											E	S
G					I	M						
I												
B		Z	O	O								
T						V	I	E	L	E		
	T	I	E	R	E							

208.

	M	A	N		O	D	E	R			K
											A
	V	E	R	L	I	E	R	E	N		N
											N
L	O	T	T	O							
G	E	W	I	N	N	E	N			I	
										M	

82

209.

	H	U	N	D	E							B
												E
			F	R	E	U	N	D	E			S
	S											T
	I		M	E	N	S	C	H	E	N		E
	N											N
	D						D	I	E			
		D	E	S								

210.

E												
I					R	O	T	E	N			M
N												A
E			S	O	L	L	T	E				N
R								A	N			
		A	M	P	E	L						
				A	N	H	A	L	T	E	N	

211.

							S	O	L	L	T	E	
G	E	H	E	N									
Z	A	H	N	S	C	H	M	E	R	Z	E	N	
M					Z	U	M						M
I													A
T			Z	A	H	N	A	R	Z	T			N

212.

						W	E	I	S	S	E	
		F	Ü	R								
						F	R	I	E	D	E	N
S	I	N	D									
												E
	T	A	U	B	E	N						I
												N
S	Y	M	B	O	L							

213.

				D	I	E				F
	S									Ü
	I	A		W	A	R	M			H
	C	N								L
	H									T
		A	N	G	E	N	E	H	M	
F	R	Ü	H	L	I	N	G	S	S	O	N	N	E

214.

			J	U	N	G	T	I	E	R	E	
D		F	E	R	K	E	L		M	
I									A	
E		N	E	N	N	T			N	
								V	O	N
S	C	H	W	E	I	N	E	N		

85

215.

	I	N		E	I	N		D	E	N			
F		E	R	S	T	R	A	H	L	T			
A													
R													
B		H	E	R	R	L	I	C	H	S	T	E	N
E													
N		R	E	G	E	N	B	O	G	E	N		

216.

S								S				G
I		S	E	H	R			O				E
N								M				T
D			I	M				M				R
								E				Ä
	B	E	L	I	E	B	T	R				N
												K
E	I	S	G	E	K	Ü	H	L	T	E		E

217.

H						W	E	R	D	E	N
E											
R		T	A	G	E				I	M	
B											
S				T	Ä	G	L	I	C	H	
T											
	D	I	E			K	Ü	R	Z	E	R

218.

								I	M	
	H	Ä	N	D	E					G
										E
H	A	N	D	S	C	H	U	H	E	G
										E
	W	I	N	T	E	R				N
K	A	L	T	E			H	E	L	F	E	N

219.

	N	I	C	H	T	R	A	U	C	H	E	R	
		G	E	S	Ü	N	D	E	R				
L													
E										D	E	R	
B		R	A	U	C	H	E	R					
T													
		D	E	R					A	L	S		

220.

L													
A		B				S	T	E	I	G	E	N	
S		U											
S		N			H	E	R	B	S	T			
E		T											
N		E				D	R	A	C	H	E	N	
			I	M			K	I	N	D	E	R	

221.

U	N	T	E	R					M	A	N	
S	O	N	N	E	N	S	C	H	I	R	M		
	I	M					E	I	N	E	M	
S	C	H	A	T	T	E	N					
								S	I	T	Z	T

222.

G	Y	M	N	A	S	I	U	M				
											A	
		K	I	N	D	E	R				U	
											F	
V	I	E	L									
					M	Ü	S	S	E	N		
	E	I	N	E	M			L	E	R	N	E	N

223.

										D	I	E
	I	S	T									
						H	Ö	C	H	S	T	E
B	E	R	G									
										D	E	R
Z	U	G	S	P	I	T	Z	E				
	D	E	U	T	S	C	H	L	A	N	D	S

224.

S													
I		I	N	S	E	K	T	E	N				
N													S
D			B	U	N	T	E				U		E
											N		H
	S	C	H	Ö	N	E					D		R
S	C	H	M	E	T	T	E	R	L	I	N	G	E

225.

F	I	T	N	E	S	S	Z	E	N	T	R	U	M
B	E	T	Ä	T	I	G	E	N			I		S
											M		I
													C
	S	P	O	R	T	L	I	C	H				H
M	A	N					K	A	N	N			

226.

L	A	N	G		S	E	C	H	Z	E	H	N	
K	O	H	L			J	A	H	R	E			
B	U	N	D	E	S	K	A	N	Z	L	E	R	
W	A	R				H	E	L	M	U	T		

227.

	E	R	K	Ä	L	T	U	N	G	E	N		I
													S
H	E	I	L	M	I	T	T	E	L				T
		B	E	L	I	E	B	T	E	S			E
B													I
E													N
I		H	Ü	H	N	E	R	S	U	P	P	E	

228.

		T	E	M	P	E	R	A	T	U	R	E	N
E													
I									M				K
N			M	A	N				I				A
E									T				N
M			M	E	S	S	E	N					N
		T	H	E	R	M	O	M	E	T	E	R	

8-teilige Wortsalat-Rätsel

>>>>>

Auf den folgenden Seiten finden Sie eine Auswahl an 8-teiligen Satz-Rätseln.

Die Frage ist immer:
Welchen Satz können Sie aus den 8 Wörtern bilden, wenn Sie diese sinnvoll aneinanderreihen?

Wenn es Ihnen leicht gelingt, die 8-teiligen Satz-Rätsel zu lösen, können Sie sich anschließend den 9-teiligen widmen.

Sollte Ihnen das Lösen der Rätsel eher nicht so leicht fallen, legen Sie das Buch lieber zur Seite und probieren Sie es an einem anderen Tag noch einmal erneut.

229.

S		S	I	C	H			B	E	S	T	E	N
C													
H				B	E	T	T						E
L													S
Ä		E	I	G	E	N	E	N					
F													
T							I	M					
		A	M										

230.

K	A	N	N				E	I	N	E	M		
	N	I	C	H	T								
						H	A	N	D	Y			
M													
I		T	E	L	E	F	O	N	I	E	R	E	N
T													
		N	U	R						M	A	N	

231.

	I	N			F	L	I	E	G	E	N	
												S
V	O	G	E	L	A	R	T	E	N			Ü
												D
	W	I	N	T	E	R						E
I												N
M			D	E	N		V	I	E	L	E	

232.

							D	E	R			I
		K	A	N	N							N
S												
I		E	N	T	S	P	A	N	N	E	N	
C												
H								M	A	N		G
												U
	B	A	D	E	W	A	N	N	E			T

233.

E						K	R	E	M	P	E	L
S		G	I	B	T							
								V	I	E	L	
E												
I			F	L	O	H	M	A	R	K	T	
N												
E												
M		A	L	T	E	N			A	U	F	

234.

B	E	I		S	I	C	H		U	N	D		S
													O
			H	I	N	L	E	G	E	N			L
													L
	S	C	H	L	A	F	E	N					T
													E
M	A	N			M	Ü	D	I	G	K	E	I	T

235.

L	A	N	G	S	C	H	L	Ä	F	E	R		
L		I	M					G	E	R	N	E	
I													
E													
G		B	L	E	I	B	T			D	E	R	
E													
N			L	A	N	G	E			B	E	T	T

236.

				B	E	I	M					
H												L
A						S	I	C	H			Ä
A		D	I	E								S
R												S
E				F	R	I	S	Ö	R			T
M	A	N			S	C	H	N	E	I	D	E	N

237.

I			B	E	S	T	E	L	L	E	N	
H												
R		I			I	N	T	E	R	N	E	T
E		M										
							W	A	R	E	N	
M	E	N	S	C	H	E	N					
M	E	H	R				I	M	M	E	R	

238.

T			T	E	E			V	I	E	L	E
R												
I			N	A	C	H	M	I	T	T	A	G
N												
K		K	A	F	F	E	E		O	D	E	R
E												
N		M	E	N	S	C	H	E	N			
									A	M		

239.

	E											F
	S		N	O	R	D	S	E	E			L
												U
		U	N	D			A	N				T
D												
E			G	I	B	T						
R									E	B	B	E

240.

	K	I	S	S	E	N		C	O	U	C	H
J		V	E	R	S	C	H	Ö	N	E	R	N
E												
D		F	A	R	B	I	G	E	N			M
E												I
			L	Ä	S	S	T					T
S	I	C	H									

241.

M										S	L
A			T	Ä	G	L	I	C	H	O	I
N										L	T
		T	R	I	N	K	E	N		L	E
Z										T	R
W			W	A	S	S	E	R		E	
E											
I		M	I	N	D	E	S	T	E	N	S

242.

B	L	U	M	E	N	S	T	R	A	U	S	S	
S		W	I	R	K	L	I	C	H			Ü	B
I												B	U
C			F	R	E	U	T					E	N
H												R	T
													E
E	I	N	E	N		J	E	D	E	R			N

243.

		I	N	S				G	E	R	N	E	
K													
I			F	R	E	I	B	A	D				S
N													E
D													H
E		S	O	M	M	E	R						R
R													
		I	M				G	E	H	E	N		

244.

I					M	A	N	C	H	M	A	L
M												
	G	E	D	A	C	H	T			E	S	
		L	E	B	E	N		A	L	S		
A	N	D	E	R	S			K	O	M	M	T

245.

E	I	N	E	M			V	I	E	L	E		K
													Ö
P				I	N				S				N
A									E				N
R									H				E
K		A	U	T	O	S			R				N
E													
N						P	A	R	K	H	A	U	S

246.

										S	I	C	H
F	R	I	S	C	H	E	N						
L	E	C	K	E	R	E		L	A	S	S	E	N
Z	U	T	A	T	E	N		K	O	C	H	E	N
A	U	S			G	E	R	I	C	H	T	E	

247.

											I
	A	D	V	E	N	T	S	Z	E	I	T	N
P	L	Ä	T	Z	C	H	E	N		M	A	N
D	E	R		G	E	R	N	E		I	S	S	T
S	E	L	B	S	T	G	E	M	A	C	H	T	E

248.

D	I	E		A	U	T	O	F	A	H	R	E	N
M	E	I	S	T	E	N					R
											A
B			M	E	N	S	C	H	E	N	D
E											I
I		H	Ö	R	E	N					O
M							G	E	R	N	E

249.

E	I	N	E	R				N	U	R			K

249.

E	I	N	E	R				N	U	R			K
													A
T	A	N	K	E	N			N	I	C	H	T	N
													N
M			A	N									
A													
N			T	A	N	K	S	T	E	L	L	E	

250.

D	E	M		G	I	B	T					F
									E			R
									S			I
B	E	S	O	N	D	E	R	S				S
												C
A	U	F			G	E	M	Ü	S	E		H
												E
	W	O	C	H	E	N	M	A	R	K	T	S

251.

B	E	I			Z	U	S	C	H	A	U	E	R
F	U	S	S	B	A	L	L	S	P	I	E	L	
B	E	G	E	I	S	T	E	R	T		O	F	T
T	O	B	E	N		E	I	N	E	M			
											D	I	E

252.

S	C	H	U	T	Z	G	E	B	I	E	T		
I		E	I	N	E	M		N	A	T	U	R	
N													
													D
G	E	S	C	H	Ü	T	Z	T			I		I
											S		E
B	E	S	O	N	D	E	R	S			T		

253.

		S	E	H	R						A
I											F
N		E	S		T	I	E	R	E		R
											I
	W	I	L	D	E						K
											A
					V	I	E	L	E		
	G	I	B	T							

254.

	W	Ü	S	T	E			I			
								N			E
H	E	I	S	S							S
					S	E	H	R			
D					S	A	H	A	R	A	
E											
R			W	I	R	D					

106

9-teilige Wortsalat-Rätsel

>>>>>

Auf den folgenden Seiten finden Sie eine Auswahl an 9-teiligen Satz-Rätseln.

Die Frage ist immer:
Welchen Satz können Sie aus den 9 Wörtern bilden, wenn Sie diese sinnvoll aneinanderreihen?

Sollte Ihnen das Lösen der Rätsel nicht so leicht fallen, legen Sie das Buch lieber zur Seite und probieren Sie es an einem anderen Tag noch einmal erneut.

255.

		G	Ä	B	E			A	U	F	
K	E	I	N					O	H	N	E
		E	R	D	E			D	I	E	S	E	R
				S	O	N	N	E			E
L	E	B	E	N							S

256.

F	Ä	N	G	T			G	R	A	D	
C	E	L	S	I	U	S			A	N	
N				W	A	S	S	E	R		
U		Z	U								B
L											E
L		G	E	F	R	I	E	R	E	N		I

257.

		U	N	D			I	M		E	I	N
W												
A		S	E	E	L	E			T	U	T	
L												
D				K	Ö	R	P	E	R			
												G
S	P	A	Z	I	E	R	G	A	N	G		U
												T

258.

K	R	O	K	U	S	S	E		I	M		W
												I
S				M	E	I	S	T				L
C												D
H		J	A	H	R			F	R	Ü	H	E
O												
N		B	L	Ü	H	E	N					
									S	E	H	R

259.

	D	I	E					W	E	R	F	E	N
L	A	U	B	B	Ä	U	M	E					I
												A	H
I		M	E	I	S	T	E	N				B	R
M													E
H	E	R	B	S	T		B	L	Ä	T	T	E	R

260.

E	I	N	E	R			D	I	E				M
													A
S		M	I	T		Z	Ä	H	N	E			N
I													
C			Z	A	H	N	B	Ü	R	S	T	E	
H													
K	A	N	N			P	U	T	Z	E	N		

261.

K	O	C	H	T	O	P	F		M	A	N		I
													N
		G	E	R	I	C	H	T	E				
E													V
I		K			K	O	C	H	E	N			I
N		A											E
E		N			L	E	C	K	E	R	E		L
M		N											E

262.

	D	E	R		T			E	I	N	E	M
					A							
					G		F	E	B	R	U	A	R
S	C	H	A	L	T	J	A	H	R			M
												E
				I		E	I	N	E	N		H
H	A	T		N								R

263.

B						F	Ä	N	G	T			G
E			Z	U									R
I													A
			W	A	S	S	E	R					D
C	E	L	S	I	U	S		K	O	C	H	E	N
A	N			E	I	N	H	U	N	D	E	R	T

264.

D									U	
E		F	A	H	R	E	N		R	
N								D	L	F
								E	A	E
F	A	M	I	L	I	E	N	N	U	R
									B	I
I		I		V	I	E	L	E		E
N		N								N

265.

V	E	N	T	I	L	A	T	O	R				B
											M		E
		B	R	I	N	G	E	N			I		W
											T		E
													G
E	I	N	E	M			L	U	F	T			U
													N
	M	A	N		I	N		K	A	N	N		G

266.

M										K
A		M	A	C	H	E	N			A
N										N
		G	E	M	Ü	T	L	I	C	H	N
C	O	U	C	H		E	I	N	E	R
										E
S	I	C	H		A	U	F			S

267.

H										Z		G
A		K	R	A	N	K	E	N		U		E
U										M		H
S		T	I	E	R	A	R	Z	T			E
T												N
I		M	I	T		S	O	L	L	T	E	
E												
R		M	A	N		E	I	N	E	M		

268.

K		G	E	S	U	N	D	H	E	I	T	F
A												Ü
N		M	I	T			T	U	N			R
N												
A	U	S	D	A	U	E	R	S	P	O	R	T
			.									
	V	I	E	L		D	I	E		M	A	N

269.

N	I	C	H	T		G	I	F	T	I	G	E	N
P	I	L	Z	E	N		M			P	S		
							I		M		I	O	
							T		A		L	L	
E	S	S	B	A	R	E			N		Z	L	
											E	T	
V	E	R	W	E	C	H	S	E	L	N			E

270.

R	A	D	I	O			W	I	E	D	E	R
G	L	E	I	C	H	E	N		M	A	N	
	D	I	E			I				H	Ö	R	T
					M							
I	M	M	E	R								
						L	I	E	D	E	R	

271.

S	E	H	R		D	E	R		R	E	G	E	L
H	E	R	Z	L	I	C	H	E	S				E
													I
A	N	S	T	E	C	K	E	N	D				N
				I									
W	I	R	K	T		N		L	A	C	H	E	N

272.

T	A	N	Z	T		A			E	I	N	E	R
						M							
T	A	N	Z	T		A			E	I	N	E	R
						N							
A	U	C	H						I	N			
D	I	S	C	O		M	A	N	C	H	M	A	L
G	E	R	N	E		F	O	X	T	R	O	T	T

273.

U	N	D					F	U	N	K	E	L	N
			A	M									
S	T	E	R	N	E					G	A	N	Z
N	A	C	H	T	S			H	I	M	M	E	L
G	L	I	T	Z	E	R	N		V	I	E	L	E

274.

S	I	N	D					S	O	M	M	E	R
U	N	T	E	R	W	E	G	S			I		F
											M		R
G	E	R	N	E		S	E	H	R				E
											I		I
M	E	N	S	C	H	E	N				M		E
													N

117

275.

									E	G			
M	E	N	S	C	H	E	N		I	E			V
									R				I
G	E	K	O	C	H	T	E	S		N			E
										E			L
Z	U	M		E	S	S	E	N					E
F	R	Ü	H	S	T	Ü	C	K			E	I	N

276.

T	O	P	F	P	F	L	A	N	Z	E	N		U
													N
G	E	G	O	S	S	E	N		U	N	D		D
W	E	R	D	E	N		M	Ü	S	S	E	N	
									Z	U			A
U	M	G	E	T	O	P	F	T					B

277.

K		G	E	N	Ü	G	E	N	D		M	I	T
A													
N											S		M
N	S	C	H	Ü	T	Z	E	N			I		A
											C		N
S	C	H	L	A	F		V	O	R		H		
	Ü	B	E	R	A	R	B	E	I	T	U	N	G

278.

K	A	N	D	I	D	A	T	E	N		E		M
											I		Ü
	Q	U	I	Z		B	E	I			N		S
V							D				E		S
I							I				M		E
E		F	R	A	G	E	N		E				N
L													
E		B	E	A	N	T	W	O	R	T	E	N	

279.

F				G	E	S	U	N	D	H	E	I	T
R													
E						D	I	E					
I		S	I	N	D						G	U	T
E													
N		S	P	A	Z	I	E	R	G	Ä	N	G	E
I	M		F	Ü	R					S	E	H	R

280.

	L	E	T	Z	T	E		D	I	E	S	E	M
W	O	R	T	S	A	L	A	T	S	P	I	E	L
D													
I		D	A	S		B	U	C	H		I	S	T
E													
S		I	N		K	N	I	F	F	L	I	G	E

Rätsel-Lösungen

3-teilige Wortsalat-Rätsel

1 Schnecken sind langsam
2 Honig ist süß
3 Zitronen sind sauer
4 Zwerge sind klein
5 Gras ist grün
6 Vögel können fliegen
7 Menschen lachen gerne
8 Rosen haben Dornen
9 Kirchenglocken läuten laut
10 Alle Katzen schnurren
11 Die Kerze brennt
12 Zwei spielen Schach
13 Flieder duftet herrlich
14 Sport ist gesund
15 Frösche können springen
16 Gemüse ist gesund
17 Tomaten sind rot
18 Feuer ist heiß
19 Maler malen Bilder
20 Tannen tragen Zapfen
21 Lachen ist gesund
22 Füchse sind schlau
23 Bäcker backen Brot
24 Tanzen macht Freude
25 Eis ist kalt
26 Riesen sind groß
27 Pflanzen haben Blätter
28 Wasser ist nass
29 Kinder sind verspielt
30 Fische können schwimmen

31 Sänger singen Lieder
32 Blumen blühen schön
33 Esel sind störrisch
34 Eulen jagen nachts
35 Musiker machen Musik
36 Eichhörnchen sind flink
37 Kühe geben Milch
38 Frisöre schneiden Haare
39 Dichter schreiben Gedichte
40 Hufeisen bringen Glück
41 Schwimmen macht Spaß
42 Sahnetorten machen dick
43 Medikamente sollen heilen
44 Schriftsteller schreiben Bücher
45 Fensterglas ist durchsichtig
46 Mathelehrer lehren Mathematik
47 Gärtnereien züchten Pflanzen
48 Braunbären halten Winterschlaf
49 Sonnenschirme spenden Schatten
50 Senioren lieben Gesellschaft
51 Autos haben Kofferräume

4-teilige Wortsalat-Rätsel

52 Der Himmel ist blau
53 Nachts leuchten die Sterne
54 Krimis sollten spannend sein
55 Hasen haben lange Ohren
56 Licht macht alles hell
57 Der Ball ist rund
58 Am Herd wird gekocht
59 Im Beet blühen Blumen
60 Ein Witz ist lustig
61 Vögel singen ihre Lieder

62	Fahnen flattern im Wind
63	Schildkröten laufen sehr langsam
64	Farne wachsen im Schatten
65	Wale schwimmen im Ozean
66	Hunde gehen gerne Gassi
67	Frauen lieben schöne Kleider
68	Tannen haben grüne Nadeln
69	Mittags gibt es Mittagessen
70	Skat ist ein Kartenspiel
71	Roulette ist ein Glücksspiel
72	Alle Kinder lieben Spielsachen
73	Insekten haben sechs Beine
74	Nachts leuchten die Laternen
75	Frühstück isst man morgens
76	Pfannkuchen sind oft fettig
77	Mülltonnen müssen geleert werden
78	Rennautos fahren sehr schnell
79	Die Pflanzen brauchen Regen
80	Schwalben fliegen am Himmel
81	Enten können auch tauchen
82	Ein Kaminfeuer knistert leise
83	Spinnen krabbeln im Keller
84	Hunde sind beliebte Haustiere
85	Viele Männer lieben Fußball
86	Ein Luftballon kann platzen
87	Wäsche muss gewaschen werden
88	Hans schmatzt beim Essen
89	Starke Stürme verursachen Schäden
90	Strandurlaube sind sehr beliebt
91	Auch Frauen spielen Fußball
92	Spinnen haben acht Beine
93	Abends gibt es Abendessen
94	Tiger sind gefährliche Raubkatzen

95   Libellen sind fliegende Insekten
96   Orangen kann man auspressen
97   Klaus springt vom Dreimeterbrett
98   Vitamine sind sehr gesund
99   Jalousien schützen vor Sonnenlicht
100 Fledermäuse sind fliegende Säugetiere
101 Wellensittiche sind kleine Papageienvögel
102 Süßigkeiten können dick machen

5-teilige Wortsalat-Rätsel

103 Morgens geht die Sonne auf
104 Nachts scheint der Mond hell
105 Im Frühling blühen viele Tulpen
106 Im Sommer ist es warm
107 Im Winter ist es kalt
108 Im Wald stehen viele Bäume
109 Jeden Morgen steht man auf
110 Ein Jahr hat zwölf Monate
111 Zu viel Alkohol ist ungesund
112 Giraffen haben einen langen Hals
113 Abends geht man zu Bett
114 Ein Vierteljahr hat drei Monate
115 Eine Woche hat sieben Tage
116 Nicht jeder kann gut rechnen
117 Kaninchen haben ein weiches Fell
118 Zwei plus drei ist fünf
119 Tausend Milliliter sind ein Liter
120 Schneeflocken fallen leise vom Himmel
121 Kleine Kinder spielen gerne Verstecken
122 Schnittblumen gehören in eine Vase
123 Männer fahren gerne schnelle Autos
124 Sonnenblumen haben schöne gelbe Blüten
125 Die Polizei sucht nach Verbrechern

126 Alle Kinder essen gerne Süßigkeiten
127 Anna und Emil sind Geschwister
128 Chilipulver macht alle Speisen scharf
129 Picasso war ein berühmter Maler
130 Eine Stunde hat sechzig Minuten
131 Prosecco trinkt man aus Sektgläsern
132 Soziale Kontakte sind sehr wichtig
133 Goethe war ein berühmter Dichter
134 Eine Minute hat sechzig Sekunden
135 Hundert Zentimeter sind ein Meter
136 Auf einer Sommerwiese blühen Blumen
137 Fünfhundert Gramm sind ein Pfund
138 Auf hohen Bergspitzen liegt Schnee
139 Ein Kilogramm sind zwei Pfund
140 Tausend Meter sind ein Kilometer
141 Ein Segelflugzeug hat keinen Motor
142 Im Hochhaus wohnen viele Menschen
143 Delfine sind sehr intelligente Säugetiere
144 Fahrradfahren ist ein beliebter Hobbysport
145 Ein Kilogramm sind tausend Gramm
146 In einem Aquarium schwimmen Fische
147 Nachtaktive Tiere haben große Augen
148 Ein Tag hat vierundzwanzig Stunden
149 Der Hahn kräht früh morgens
150 Gartenarbeit macht vielen Menschen Freude
151 Flamingos schlafen auf einem Bein
152 Freundschaften sollte man gut pflegen
153 Zimmerpflanzen müssen auch gegossen werden

6-teilige Wortsalat-Rätsel
154 Am Abend geht die Sonne unter
155 Der Regen macht die Erde nass
156 Die Pferde stehen auf der Weide

157 In einem Buch kann man lesen
158 Im Sommer isst man gerne Eis
159 Jeden Montag fängt die Woche an
160 Ein halbes Jahr hat sechs Monate
161 Nur einmal im Jahr ist Silvester
162 Tag und Nacht wechseln sich ab
163 Der berühmte Eifelturm steht in Paris
164 Summende Bienen fliegen um bunte Blüten
165 Im Winter kann es Glatteis geben
166 In England trinkt man gerne Tee
167 Der schiefe Turm steht in Pisa
168 Dinkel ist eine Urform von Weizen
169 Im Kino laufen viele spannende Filme
170 Maria Callas war eine berühmte Sopranistin
171 Rotwein wird aus roten Trauben hergestellt
172 London ist die Hauptstadt von England
173 Aus einer Raupe wird ein Schmetterling
174 Der Monat Januar hat einunddreißig Tage
175 Fünfhundert Milliliter sind ein halber Liter
176 In einem Bücherregal stehen viele Bücher
177 Es gibt immer wieder neue Modetrends
178 In Supermärkten kann man vieles kaufen
179 Pfeffer und Salz sind beliebte Gewürze
180 Man sollte regelmäßig zum Arzt gehen
181 Jedes Mosaik hat ein besonderes Muster
182 Defekte Geräte kann man reparieren lassen
183 Skat ist ein sehr bekanntes Kartenspiel
184 Bewegung im Freien kann Wunder bewirken
185 Sommerferien sind bei Kindern sehr beliebt
186 Katzen klettern manchmal auf einen Baum
187 Der Richter spricht den Angeklagten frei
188 Hunde und Katzen sind beliebte Haustiere
189 Obst und Gemüse sind gesunde Lebensmittel

190 Wäschestücke können mit der Zeit verblassen
191 Suppe wird mit einem Löffel gegessen
192 Kinder sollten recht früh Schwimmen lernen
193 Heinz Rühmann war ein großer Schauspieler
194 Mancher Mensch ist gegen Pollen allergisch
195 Ein Kaktus braucht nur wenig Wasser
196 An Tischen stehen meistens auch Stühle
197 Im Kühlschrank halten Speisen länger frisch
198 In einem Hotel wohnen viele Reisende
199 Kranke sollten immer gut umsorgt werden
200 Mit einem Messer kann man schneiden
201 Beim Rechnen muss man sich konzentrieren
202 Viele Menschen machen im Winter Skiurlaub
203 In Holland werden viele Tulpen gezüchtet
204 Wanderlustige reisen gerne in die Natur

7-teilige Wortsalat-Rätsel

205 Wale sind die größten Säugetiere der Meere
206 Im Winter isst man gerne heiße Suppen
207 Im Zoo gibt es viele verschiedene Tiere
208 Im Lotto kann man gewinnen oder verlieren
209 Hunde sind die besten Freunde des Menschen
210 An einer roten Ampel sollte man anhalten
211 Mit Zahnschmerzen sollte man zum Zahnarzt
    gehen
212 Weiße Tauben sind ein Symbol für Frieden
213 Die Frühlingssonne fühlt sich angenehm warm an
214 Die Jungtiere von Schweinen nennt man Ferkel
215 Ein Regenbogen erstrahlt in den herrlichsten
    Farben
216 Im Sommer sind eisgekühlte Getränke sehr
    beliebt
217 Im Herbst werden die Tage täglich kürzer

218 Handschuhe helfen im Winter gegen kalte Hände
219 Der Nichtraucher lebt gesünder als der Raucher
220 Im Herbst lassen Kinder bunte Drachen steigen
221 Unter einem Sonnenschirm sitzt man im Schatten
222 Auf einem Gymnasium müssen Kinder viel lernen
223 Die Zugspitze ist der höchste Berg Deutschlands
224 Schmetterlinge sind sehr schöne und bunte Insekten
225 Im Fitnesszentrum kann man sich sportlich betätigen
226 Helmut Kohl war sechzehn Jahre lang Bundeskanzler
227 Bei Erkältungen ist Hühnersuppe ein beliebtes Heilmittel
228 Mit einem Thermometer kann man Temperaturen messen

8-teilige Wortsalat-Rätsel

229 Am besten schläft es sich im eigenen Bett
230 Mit einem Handy kann man nicht nur telefonieren
231 Viele Vogelarten fliegen im Winter in den Süden
232 In der Badewanne kann man sich gut entspannen
233 Auf einem Flohmarkt gibt es viel alten Krempel
234 Bei Müdigkeit sollte man sich hinlegen und schlafen
235 Der Langschläfer bleibt gerne lange im Bett liegen
236 Beim Frisör lässt man sich die Haare schneiden
237 Immer mehr Menschen bestellen ihre Waren im Internet
238 Am Nachmittag trinken viele Menschen Tee oder Kaffee
239 An der Nordsee gibt es Ebbe und Flut

240 Jede Couch lässt sich mit farbigen Kissen verschönern
241 Man sollte täglich mindestens zwei Liter Wasser trinken
242 Über einen bunten Blumenstrauß freut sich wirklich jeder
243 Kinder gehen im Sommer sehr gerne ins Freibad
244 Manchmal kommt es im Leben anders als gedacht
245 In einem Parkhaus können sehr viele Autos parken
246 Aus frischen Zutaten lassen sich leckere Gerichte kochen
247 In der Adventszeit isst man gerne selbstgemachte Plätzchen
248 Beim Autofahren hören die meisten Menschen gerne Radio
249 An einer Tankstelle kann man nicht nur tanken
250 Auf dem Wochenmarkt gibt es besonders frisches Gemüse
251 Bei einem Fußballspiel toben die Zuschauer oft begeistert
252 In einem Schutzgebiet ist die Natur besonders geschützt
253 In Afrika gibt es sehr viele wilde Tiere
254 In der Wüste Sahara wird es sehr heiß

9-teilige Wortsalat-Rätsel
255 Ohne Sonne gäbe es kein Leben auf dieser Erde
256 Bei null Grad Celsius fängt Wasser an zu gefrieren
257 Ein Spaziergang im Wald tut Körper und Seele gut

258 Wilde Krokusse blühen meist schon sehr früh im Jahr

259 Im Herbst werfen die meisten Laubbäume ihre Blätter ab

260 Mit einer Zahnbürste kann man sich die Zähne putzen

261 In einem Kochtopf kann man viele leckere Gerichte kochen

262 In einem Schaltjahr hat der Februar einen Tag mehr

263 Bei einhundert Grad Celsius fängt Wasser an zu kochen

264 In den Ferien fahren viele Familien in den Urlaub

265 Mit einem Ventilator kann man Luft in Bewegung bringen

266 Auf einer Couch kann man es sich gemütlich machen

267 Mit einem kranken Haustier sollte man zum Tierarzt gehen

268 Mit Ausdauersport kann man viel für die Gesundheit tun

269 Essbare Pilze soll man nicht mit giftigen Pilzen verwechseln

270 Im Radio hört man immer wieder die gleichen Lieder

271 Ein herzliches Lachen wirkt in der Regel sehr ansteckend

272 In einer Disco tanzt man manchmal auch gerne Foxtrott

273 Nachts funkeln und glitzern ganz viele Sterne am Himmel

274 Im Sommer sind Menschen sehr gerne im Freien unterwegs

275 Viele Menschen essen zum Frühstück gerne ein gekochtes Ei
276 Topfpflanzen müssen gegossen und ab und zu umgetopft werden
277 Mit genügend Schlaf kann man sich vor Überarbeitung schützen
278 Bei einem Quiz müssen die Kandidaten viele Fragen beantworten
279 Spaziergänge im Freien sind sehr gut für die Gesundheit
280 Dies ist das letzte knifflige Wortsalatspiel in diesem Buch

Lightning Source UK Ltd.
Milton Keynes UK
UKHW010910080223
416610UK00014B/1504

9 783755 708506